AF444260


Questo libro è inserito nella collana Amazon sulle opere dell'autore, con il numero 9.

© Copyright: Alfredo De Giuseppe
Tutti i diritti riservati.
TRICASE (Le)
contatto: www.alfredodegiuseppe.it


1ª Edizione - Ottobre 2010
Minuto d'arco editore - Tricase (Le)

2ª Edizione – Novembre 2020
Stampa: Amazon
Impaginazione: Giancarlo De Giuseppe

*Alfredo De Giuseppe*

# Chiuso in un ego alternativo

E siamo qui
a tricase
ancora qui

Io resto qui
con il bicchiere
vuoto nella mano

Ma cos'è
questa nuova paura
questa voglia di uscire andare via

E non c'è tempo per cambiare
per scoprire
una nuova illusione

tanto valeva
aver sbagliato già d'allora

(liberamente trascritta ascoltando "Modena" di Venditti,
con un bicchiere vuoto in mano, una notte di settembre)

# Al caffé delle otto

Al caffé delle otto
politica e un berlusconi
calcio e un ingaggio milionario

al caffé del mattino
senza amicizia e amore
senza patria e sogni

al caffé della piazza
gente normale e attenta
passa un prete e un generale

al caffé del nulla
si pensa e si parla
si ragiona su chi paga.

# Io ascolto

Io ascolto
Stuck inside of mobile with the Memphis
blues again
là fuori un cantante grosso
che fa il verso a Dylan
mentre intuisco
che una vita igienica non fa per me
footing
slow food
new meditation
alzarsi tonico
dormire rilassato
con il grande risultato di
morire un po' dopo
e infine
avere ragione e
parlare per lasciare
qualcosa di scritto.

# Come tante

Una bella giornata
come tante
trascorsa
senza accorgersi
senza conoscerla
il cavallo aspetta una cavalcata
il cane implora una passeggiata
il mare vorrebbe uno sguardo
il prato una capriola
la pianta un sorriso
un'esclamazione di piacere
un accenno di vita
mentre scrivo
leggo
guardo
chiuso
in un ego alternativo.

# Verranno estati

Verranno ancora inverni
freddi in questa casa
di scirocco
di fronte ai balcani

Verranno ancora inverni
chiusi in questa casa
di libri
vicino alle televisioni

Verranno ancora estati
tante
a sorridere del tempo

Verranno ancora inverni
soli
a contemplare il nulla

E poi verranno ancora estati
tante
a tentare di essere

# Ele

Tu sei sempre
qui
dove c'è musica degli occhi
dove c'è labbra per baciare
dove c'è vita per ridere.

Tu sei sempre
qui
a farmi sentire vero
a farmi ridere di te e di me
a farmi giocare di tutto

Tu sei sempre
qui
a dirmi che vorresti
a dirti che potresti
a dirci che ci amerai.

Tu sei sempre
qui
a tentare di vedere
a tentare di capire
a tentare di vivere

tu sei sempre
qui
Ele
sempre a rompere.

# Elenco

Elenco di elenchi
numero fra i numeri
tento una ratio
fra una tv e un film
tento di capire
nella nebbia
e nella merda
fra un bicchiere
e un gol gridato
fra un libro iniziato
e un giornale buttato
dentro la birra delle birre
il vino dei vini
l'elenco delle cose viste
con pasolini
dentro le descrizioni
delle descrizioni

# Ferire

Ferire senza volere
ad ogni passaggio
ad ogni sguardo

(Meglio morire
o far morire
che far soffrire)

Diego armando come soffre
perché fa soffrire
perché non ha dato

Jacko che vuole diventare
bianco senza soffrire
che canta per non crescere

Marylin che vedono bella
nuda vestita di bianco
e lei che non si ama

(non c'è icona
senza croce
e senza spada)

Ogni giorno far soffrire
di piccole intelligenze
di grandi cose

Far vita da allegro
per tentare
di non vedere le ferite

# Improbabili serate

Improbabili serate
Fra un cantante nero d'africa
Sua moglie incinta al piano
Un batterista
E un piatto di carne
Fra cameriere che fumano
E canzoni lontane lontane
Perdendosi
Nel nulla di notti d'inverno
Senza costruire
Se non il puzzo di birra.

# La mia fine

La fine
la mia fine
è l'implosione dell'universo
i romanzi che non ho letto
gli amori che non goduto
le lettere che non scritto.

La morte
un valore assoluto
un immenso nulla
senza un rifiuto
poiché muoio con l'universo
con il tutto che ho goduto.

# Non puoi chiedere

Non puoi chiedere
più sole al sole
o meno vento al vento

non puoi chiedere
più amore all'amore
né più morte al nulla

puoi chiedere
più vino al vino
più sangue al sangue
più rassegnazione all'età
più ragione all'intelletto

puoi chiedere
più denaro al lavoro
più gioia alle pietre
più fortuna alla sorte
più responsabilità all'etica

non puoi chiedere
più sole al sole
o meno vento al vento.

# Mi manca

Non mi manca
l'odore del pane caldo
la voglia di mare
la forza di guardare negli occhi
l'economia globale


mi manca
la grande idea
la grande corsa
il grande amore
la gioventù

# La parola famiglia

Per la verità
la parola famiglia
la odio

non la nomino
non ne parlo
non la evoco

Famiglia spezzata
Famiglia distrutta
Famiglia infelice
Famiglia cristiana

Familismo arcaico
Familismo moderno
Familismo famelico
Familismo vincente

troppo fiero
dei miei figli
per essere famiglia

# Brevi momenti

Saper che ci sei
rivederti
amarti a lungo
essere
felice di estasi
di sesso e ricordi
di parole libere
di sguardi
di baci e culo.
Brevi momenti
felici
di essere ancora qui
semplicemente ora.

# Spesso un paese

Mio paese
stai vicino al mare
la terra è più rossa
il cielo più blu

lontano come un migrante
dentro come un gioco
sospeso nelle speranze

mio paese
sei foriero di sconfitte
chiuso nella debolezza
forte nella solitudine

pietre amare e carse
grigie e bianche
lanciate su virtù e passioni

mio paese
siamo a dettagliare
siamo a eludere
siamo a sporcare

siamo qui insieme
a inseguirci per amarci
per odiarci morendo.

# Extra-time

Un piccolo extra per te,
solo per te…
Perché
quando non ci conoscevamo
ti aspettavo
(non immaginavo come),
quando vivevamo insieme
cercavo di conquistarti
( non sapevo come),
quando ci siamo separati
pensavo di non perderti
(mi illudevo di capire come),
ora che viviamo un extra-time
giochiamo una partita infinita
(per non vincere contro).

# Il pesce e la luna

Il pesce guarda con paura la sua bella
la osserva, la tocca
poi gioca
e poi ancora ha paura di perderla.
Il pesce innamorato
è anche un po' stupido
perché potrebbe sopravvivere senza questo
dilemma
e invece ogni volta che appare
all'orizzonte
e diventa rossa e poi d'argento
lui guarda quel luminoso mistero
e senza altro motivo decente
s'innamora sempre più
e gli piace vivere.

# La luna incantava i pesci

Delle maree non mi interesso
succede per una serie di circostanze
che si pensi l'inverso.

Degli innamoramenti
sotto la mia luce
non mi sono mai occupata,
eppure hanno scritto
montagne di versi.

Della mia brillantezza riflessa
mi accontento,
non mi deprimo,
meglio di un qualsiasi buco nero

La conquista del mio territorio
con una bandiera che mi hanno conficcato
non mi ha preoccupata:
nessuno mi ha vista davvero.

Quel che mi affascina
è sapere se la notte in mare
è senza nuvole,
apparire nuda
per intero ai pesci
che mi adorano
senza sapere apprezzare il motivo
e tenerli incantati per tutto il tempo,
fino allo sfinimento dell'alba.

# Giornate piene

Orari pieni di appuntamenti
mattine piene di bar
cene piene di amici
cucine piene di funghi
letti pieni di sudore
lavori pieni di affari
auto piene di chilometri
incontri pieni di artisti
negozi pieni di clienti
consulenti pieni di moduli
giornali pieni di morali
computer pieni di giochi
banche piene di cravatte
televisioni piene di sprechi
avvocati pieni di cartelle
politiche piene di bugie
quadri pieni di occhi
foto piene di grigi
film pieni di azioni
musiche piene di fiati
fuochi pieni di olivi
telefoni pieni di nomi
libri pieni di idee
viaggi pieni di luce
corpi pieni di vene
animali pieni d'affetto
giardini pieni di pietre

divani pieni del mio culo
scritti pieni di ipocrisia:
una vita vuota senza te
(giovinezza).

# Mein Concert

Mangiare in piedi
senza regole
bere birra
con bevitori antichi
e poi scozzese
insieme al sonno,
stare con Keith Jarrett
e uno schermo acceso,
e se Kòln Concert
sembra poco
per un funerale
aspettare un capolavoro
immaginare un Leonardo
che umilia Verrocchio,
piangere per quello
che poteva essere,
per un affresco
che si scioglie
al calore.

# Sintesi di una perfezione

Giovane uomo ancora senza peli,
piccola sintesi
della mia idea di perfezione,
mai troppo invadente,
accorto e sensibile,
cogli l'ironia della vita,
aperto alle novità del mondo
ma radicato al vecchio,
senza strafare con ciò che scopri
e senza vanterie,
tu che potresti,
in ogni dove.

Posso accettare di tutto,
metto in conto anche una bomba atomica
lanciata da uno sciagurato,
capisco un popolo
che diventa massa informe
quasi gassosa priva di idea,
e non mi arrenderei.
Una sola ipotesi può terrorizzare
i miei sogni,
poter mai immaginare
che io ti sopravviva,
mai.

Tu devi vivere a lungo
il bene della ragione
e dell'amore.
Lottiamo insieme,
se vuoi,
finché potrò,
la sofferenza l'hai già raccolta
e la saprai vincere,
ogni giorno,
senza proclami,
perché questa è la sintesi
della nostra perfezione.

# Senza traccia

Senza un dio
Per piangere
Senza un senso globale
Per un circolare vuoto
Di volare alto
Senza paracadute per frenare
Mai
Senza i soldi per andare
Ancora più alto
Per una caduta più veloce
Libera
Che non lasci traccia

# Come un samurai

Come un samurai
in pensione
peso la compassione
come un'arma
mentre tutto piomba
ho voglia
di una birra
davanti a una tv
di nessuno che parli
di cose fragili da proteggere

*Chiuso in un ego alternativo*

# Nascosti democraticamente

Giochiamo a nascondino
per pura democrazia
c'è chi non può giocare a calcio
chi non sa giocare a briscola
chi non vuole allontanarsi da casa.

In quella cantina buia
l'occhio ci si abitua
dopo minuti di totale silenzio
e nel frattempo
contenere le risate
pisciare sui piedi.

Splendide giornate
lunghe d'estate
passate a nascondersi.

# Caro Mazzola

Caro Mazzola Sandro, classe 1942,
ti vedo in tv rispondere pigramente
ad un'inutile intervista
e vedo (e come se vedo)
il tuo baffo sempre più incerto.
Ti scrissi che avevo sei anni
e volevo la tua maglietta (il merchandising non esisteva),
non mi hai mai risposto
e mio padre per anni
mi ha ripetuto
che ricevevi troppe lettere.
Per anni ho continuato a giocare
da solo
contro il muro
e mi raccontavo, con l'incedere del radiocronista,
intere partite
lunghe un pomeriggio
in cui io ero Mazzola e il muro la porta.
Il muro era stretto
ed io divenni sempre più preciso
fino ad essere chiamato Mazzola.
Ti studiavo
In ogni movimento, scatto, dribbling,leggera gobba,
ti vedevo

allegro, gentile,veloce, intelligente
e quando potevo essere
un calciatore vero
non ci credetti più
non ero al tuo livello
troppo conscio dei miei limiti
il paragone con quel nome
ha distrutto un buon centrocampista.
Ora tu fai un quasi niente
in una mega squadra
e mi sembri molto triste,
come tutti gli intelligenti
che da grandi non hanno capito cosa fare.
Ma io innamorato
di quel pallone sul muro,
sono comparso solo due volte su giornale,
non accetto il tuo baffo smorto,
e per ricominciare da grande
aspetto ancora
la tua maglietta.

# Dilettante

nelle giornate migliori degli anni settanta
il dribbling è secco
destro sinistro lancio lungo
talento dilettante
dilettante
come nei soldi
come padre marito amante
tycoon fotografo regista
scrittore lettore
hi tech musica
politica computer
modem e futuro.

Penso al professionista
che scrive un trattato su Silvio Pellico
senza leggere Henry David Thoreu
che proclama poesie
senza conoscere Borges
che si specializza in finanza
sottraendo a qualcuno
che va in tv
a presentare i quiz
che è dirigente di un ufficio registro
che fa il commercialista
che fa il dottore, l'avvocato
e il giornalista laureato
che parla dei Messapi senza cercarli,

penso a loro
li stimo e li compiango
professionisti di qualcuno.

Ti vedo e ti materializzo
splendido dilettante che cambi
ogni giorno

# La lingua di Karaburun

Alzarmi una mattina
e non avere niente da fare
se non comprare il giornale
e poi vedere il sole con la tramontana

andare verso il mare
quattro amici in bicicletta
e fermarsi
a guardare la lingua di Karaburun
vicina e inavvicinabile
la cima con la neve

e poi c'è sempre qualcuno
come un sogno
vede una casa, forse un palazzo
e scorgiamo Corfù la verde
e forse più in là, più a destra
Fanos piena di pietre

Giornate di grandi scoperte
di ebbrezze di mare d'inverno
giovani giornate
con il sole di tramontana

# Radio

Giovane cronista con un microfono in
mano
prima radio libera
notte in mare con i pescatori
la paranza lascia il porto inglese
le luci delle lampare sono diverse a pelo
d'acqua
pescatori intimoriti dal mio registratore
parlano e gesticolano veloci
sensazioni, problemi, fondali conosciuti
pesce sparito, bombaroli
vita di stenti, lamenti a quintali
ho tutto per una trasmissione.

E' freddo ormai
non credevo al freddo della notte d'agosto
il Canale s'è mosso
ma ormai si pensa alla grigliata di pesce
accovacciati sul molo.

Il porto è vicino,
il mio andare su e giù
tutta la notte
a domandare a risentire
play, rew, ff, rec,
siamo al molo
ultima rullata
gran vomitata sul pesce fresco

# Mistero unico

Mi sono seduto
davanti al dolmen di Minervino
e ho trovato il tempo
fuori dal cicaleccio d'aeroporto
di guardare Li Scusi
e le Centopietre di Patù
che i Pelasgi eressero rapidi
e quelle megalitiche di Stonehenge
appaiono solari
e della stessa cava
terrificante fatica di un sacrificio
del mistero unico
della scoperta della terra.

# Casa

Casa dura
di pietre e solitudini
di calcare e sedimenti
impregnata di vernici e colori.

Casa dura
su rocce e rossa terra
guardi il mare e l'orizzonte
senza vederli

Casa dura
fibrillata da menti girovaghe
senza meta gira intorno al mondo
in movimento circolare e perenne

Casa dura
di rovi e amori
senza passione e religione
carta pecora vicino al fuoco.

# Se sapessi come prenderti

Canta un amico
se sapessi come prenderti
sarei un domatore

canta la mia mente
se sapessi come prenderti
sarei un leone

se avessi cantato le cose desiderate
avrei organizzato
un colpo alla banca d'Italia

se avessi cantato il senso della felicità
avrei richiesto
le controanalisi dell'amore

se dovessi cantare con semplicità
la parola che mi manca
la inventerei

se sapessi cantare come prenderti
ti prenderei
ogni momento

# Tesoro nascosto

Eri un perfetto
tesoro nascosto
e io
ti ho scoperto

avevi gli occhi
belli e persi
alla vista di un uomo
in canottiera
con l'entusiasmo formale
delle cene di birra

hai voluto vedere oltre
hai messo l'entusiasmo vero
delle donne che volano

ero un normale
tesoro nascosto
e tu
l'hai scoperto

# Un cane nero

Un cane nero che mi guarda e aspetta
un cavallo bigio che non galoppa più

due gatti bianchi che non si arrendono
due uccelli verdi che volano nel bosco

tre gechi sabbia che sono immobili
tre lucertole striate che cercano il sole

quattro mosche marron che gironzolano
quattro mosche trasparenti che beccano

cinque topi grigi che scappano
cinque pesci rossi che si ossigenano

energia e persistenza multicolore
mentre un cane nero mi guarda e aspetta

# Vago, presumo e vedo

Di giorno vago
sospettoso
fra nuove e vecchie foto
di sera vago curioso
fra nuovi e vecchi libri
di notte vago
consunto
fra un divano e un letto

di giorno presumo
speranzoso
di esserci
di sera presumo
pragmatico
di perdere
di notte presumo
solo
la solitudine

da cinquant'anni vedo
speranzoso
il futuro
da cinquant'anni cerco
pragmatico
il presente
da cinquant'anni mi faccio
solo
compagnia.

# Non ho mai visto

Non ho mai visto
un uomo più innamorato di me
un uomo più innamorato di me

né una puttana innamorata
né un sacerdote innamorato
e neanche un cane innamorato

ho visto mille donne scopare
alcune bene, altre male
altre fottere

ho visto mille uomini stronzi
innamorarsi ogni sera
e morire in anticipo

ho visto mogli serene
ammazzare il marito
ad ogni parola, ad ogni sguardo

ho visto mille piccole cose
diventare grandi
grandi idee su piccole rotaie

ho visto mille natali
tristi nella festa
dormire in una notte oscura

tentando di amare
non ho mai visto
un uomo più innamorato di me

# Alle taverne d'inverno

Uno zappa sulla chitarra
Uno imbratta legni
Uno arpeggia il blues
Uno imbottisce tele
Uno scrive poesie
Uno recita canzoni
Uno beve birra e fuma
Uno doveva fare l'elettricista
Uno doveva fare il gesuita
Uno cerca moglie
Uno fa il sociologo

alle taverne d'inverno
senza clienti
cibo pesante
mente leggera

# Oltre la fine

Oltre la fine
miliardi di frammenti
di materia cosmica
un nucleo immenso
di fusione e calore
un modello cangiante
di terreni girovaghi
Oltre la fine
un io
che resiste
su queste poche righe
di pagine avvizzite
inconsapevoli fessure
di neuroni infiniti

*Le pagine che seguiranno non erano parte della prima pubblicazione del libro, sono state aggiunte per questa II edizione.*

# Rappresentazione teatrale

Questo libricino diede vita a un'opera
teatrale omonima.

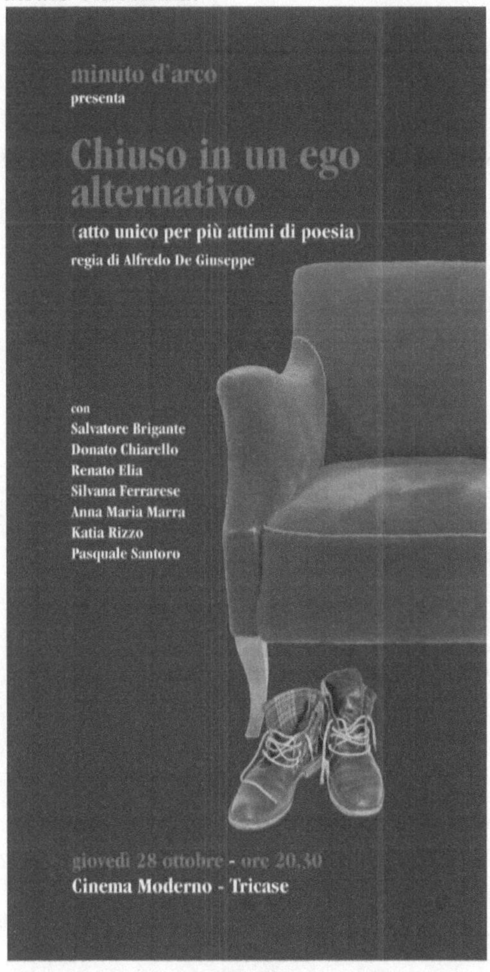

Il manifesto era poi stato accompagnato da un comunicato stampa che recitava:

*"Minuto d'arco, società di comunicazione di Tricase presenta "**Chiuso in un ego alternativo (atto unico per più attimi di poesia)**", spettacolo teatrale con la regia di Alfredo De Giuseppe, che si terrà **Giovedì 28 Ottobre alle ore 20.30**, presso il Cinema Moderno di Tricase.*

*Lo spettacolo è tratto dal libro di poesie "**Chiuso in un ego alternativo**", edito da **minuto d'arco editore**, ed è realizzato con la collaborazione di attori che da molti anni stanno facendo la storia del teatro locale della qualità di Pasquale Santoro, Donato Chiarello, Renato Elia, Silvana Ferrarese, Anna Maria Marra, Katia Rizzo e del cantautore Salvatore Brigante.*

***Alfredo De Giuseppe**, con la sua solita leggerezza giovanile, mista a profondità intellettuale, ha scelto di intraprendere, dopo le sue ultime esperienze cinematografiche, la difficile arte del teatro, firmando la regia di questo spettacolo, che metterà il proprio ego a confronto con quello alternativo di chi ha* *deciso di mettere su un palco la propria anima, di condividere versi e pensieri, scritti nella sostanzialità di poche pagine.*

*Ingesso gratuito"*

Il presentatore, invece, introduceva lo spettacolo con le seguenti parole:

*"Buonasera,*
*Quello a cui prenderemo parte stasera è*
*un esperimento.*

*È uno spettacolo teatrale che nasce in*
*occasione della presentazione di un libro.*
*Il libro si chiama* **Chiuso in un ego**
**alternativo***, è stato scritto da* **Alfredo De**
**Giuseppe** *e pubblicato da* **minuto d'arco**
**editore***.*

*Minuto d'arco editore è la branca*
*editoriale della società minuto d'arco srl*
*che si sta facendo spazio nel settore della*
*comunicazione con progetti pensati e*
*realizzati a 360°.*
*È una realtà giovane che crede e mette a*
*frutto le potenzialità di ogni persona*
*impegnata quotidianamente. Ha iniziato*
*una "nuova vita" editoriale da appena un*
*anno e si sta muovendo verso*
*pubblicazioni di qualità, promuovendo e*
*distribuendo nella maniera più adeguata i*
*suoi autori. È alla ricerca continua di*
*stimoli che possono venire da nuovi autori*
*e da progetti e percorsi legati ai nuovi*
*mezzi di comunicazione e di fruizione della*

*cultura, come il mercato degli e book e le nuove realtà dell'illustrazione e della letteratura dell'immagine. È un modo questo per farci conoscere e far sapere di cosa ci occupiamo., ecco perché abbiamo voluto fortemente questa serata e vi ringraziamo per la vostra affettuosa presenza.*

*Questa sera apprezzeremo un momento di vivida poesia su questo palcoscenico. O meglio... "più attimi di poesia". Abbiamo fortemente voluto questa serata per dare uno scossone alla segnale forte d*

*Alfredo De Giuseppe, con la sua solita leggerezza giovanile mista a profondità intellettuale, ha scelto di intraprendere, dopo le sue ultime esperienze cinematografiche, la difficile arte del teatro, firmando la regia di questo spettacolo.*

*Dallo sguardo sulle vite degli altri è passato ad uno sguardo più interiore, intorno a se stesso. Dello spettacolo di questa sera non vorrei anticipare nulla, ma alcuni temi forti riguardano l'autore ma anche la sensibilità di noi contemporanei e questa prima teatrale potrebbe essere l'inizio di un nuovo percorso.*

*Per farlo, ha chiesto il contributo ad artisti e attori che da un po' di anni stanno scrivendo la storia del teatro, qui a Tricase: Pasquale Santoro che da oltre un decennio ha dedicato a Tricase tutta la sua passione alla cultura teatrale; Donato Chiarello, apprezzato attore in diverse compagnie provinciali e regionali, Renato Elia che guida a Lucugnano un gruppo di ragazzi definitosi "La svolta" e fondatore del gruppo teatrale "i brutti ma buoni", Silvana Ferrarese, Anna Maria Marra e Katia Rizzo forti della loro esperienza nella compagnia "teatro del sole" e Salvatore Brigante cantautore dal puro sapore contadino e attore simbolo del film-documentario "L'Arte nascosta" girato nel 2008 da Alfredo.*
*Questi attori, questa sera, ci faranno vivere la poesia di Alfredo, ci faranno conoscere l'intimità del suo pensiero e delle sue parole.*
*Nella postfazione al libro, Tommaso Ciardo cita Pessoa che considera la poesia come la sua "maniera di stare solo". È così che ci troveremo tra poco. A tu per tu con il nostro ego, che si*

*confronterà con quello alternativo di chi ha deciso di mettere su un palco la propria anima, di condividere versi e pensieri, scritti nella sostanzialità di poche pagine."*

*I protagonisti della rappresentazione teatrale "Chiuso in un ego alternativo" messa in scena presso il Cinema Moderno di Tricase il 28 ottobre 2010.*
*Da sx: Rocco Alfarano (detto "La Bionda"), Pasquale Santoro, Katia Rizzo, Silvana Ferrarese, Anna Maria Marra, Alfredo De Giuseppe, Donato Chiarello, Salvatore Brigante, Renato Elia.*

*In questi anni ho scritto spesso e
ovunque. Durante un viaggio, in una sala
d'attesa, davanti alla saracinesca di un
meccanico o semplicemente seduto alla
mia scrivania. Sono appunti, ipotesi di
storie e sceneggiature, pensieri sciolti
buttati su carta che qualcuno chiama
poesia. Lasciati in un cassetto, in un
vecchio notes o sperduti nel pc. Non credo
che sia più il caso di pubblicare libri di
poesia in Italia, considerata la sterminata
massa di poeti, l'inesistente pubblico e
l'inutile deforestazione: quindi ho deciso
di creare un'antologia su Facebook, ad
esclusivo uso dei miei amici e dei loro
contatti. La chiamerei:

**"ANTOLOGIA DI PENSIERI
SCIOLTI, CONTEMPORANEI A FB".**

Sul perché siano sciolti (quindi liberi,
privati, pubblici e anagrammatici) lo
lascerò giudicare ai lettori così come
potranno osservare quanto siano
contemporanei a questo mondo (anche
virtuale) in evidente e spesso logorante
evoluzione. La prima poesia è stata postata
il 21 marzo.

Sto rimettendo in ordine decine di scritti e quindi pubblicherò una "cosa" alla settimana, magari ogni domenica pomeriggio, come un appuntamento fisso al momento del caffè. Mi sembra un bel modo per raggiungere un certo numero di amici, di interagire con persone lontane, di rendere pubblici (pubblicare) alcuni pensieri, a volte anche poetici, ma spesso sciolti da vincoli, compreso quello di seguire un canone poetico. Alla fine si sarà formata davvero una piccola raccolta e chi vorrà potrà anche stamparla, liberamente senza alcun senso di copyright. Un dono forse insignificante ma pur sempre un modo per stare insieme. Un abbraccio a tutti, dandoci appuntamento per domenica pomeriggio. Grazie.

Alfredo

**Testo pubblicato su Facebook (https://www.facebook.com/alfredo.degiuseppe.7/posts/10207943641100302) il 25 marzo 2016, come incipit di una serie di pubblicazioni periodiche. L'autore ha pensato che riportarle in coda a questa prima raccolta di poesie, in occasione della sua II edizione (novembre 2020), fosse la miglior soluzione per dare continuità al suo ego alternativo.*

# Pascolo attento

Pascolo attento
in una terra diventata alla moda
le cicorie selvatiche miste a cucine
esotiche
le rape sinonimo della ruralità
fra veleni costanti e fumi neri

il turista segue il tratturo di massa
il bagnante non vede i fanghi grigi della
modernità
la sabbia stanca di mura selvagge

io pascolo in silenzio
in attesa di un mondo verde e giallo
con i dépliant in bianco e nero

N.1 Settembre 2015

# Ho preferito fare

Io ero un elettricista
potevo essere un gran tecnico
faccio piccole manutenzioni

io ero un frigorista
potevo essere un inventore
faccio il lavamacchine manuale

io ero un pescatore
potevo essere un armatore
faccio il garzone di bottega

io ero un carrozziere
potevo essere un designer
faccio il rigattiere di quartiere

io ero un gran palleggiatore
potevo essere un asso del pallone
faccio le linee del campo sportivo

io ero una bella donna
potevo essere la danzatrice della Scala
faccio la casalinga di paese

io ero una scimmia
potevo essere uomo
ho preferito fare lo scimpanzé

N.2 Marzo 2014

# Non viaggio più

Non viaggio più
con aerei ultraveloci
sui cieli inquinati di pechino
sulle spiagge profumate
sui mari privi di pesce
nella storia del centro città
nell'abbondono della periferia
nei resort col bagno turco
non viaggio
con treni residuali
e neanche con quelli rossi e argento
prima delle escursioni alpine
delle gondole veneziane
delle saune svedesi

viaggio
con una macchina magica
che si connette con un dito
o forse con uno sguardo
mostra il mondo in un minuto
cartoline patinate e morti in diretta
documentari perfetti, paesi in dissesto
falsità e verità
in unico rullo
con l'ultimo gol meraviglioso
o l'ultimo grandioso concerto
che dopo un minuto sono già penultimi

come un Salgari
scrivo di luoghi che non ho mai
frequentato
di uomini che non ho mai conosciuto
di scienziati che non ho mai capito
di avventure mai vissute
tutte cose sezionate fra milioni
nel minuto che mi è concesso
con l'ausilio di wikipedia

N.4 Gennaio 2016

# Viaggio

Viaggio
fra Damasco e Lesbo
con tre bambini sulle braccia
distesi sul mio corpo
dentro un'imbarcazione
adusa alla morte

Ecco la costa d'Europa
sembra sentire un profumo di amore
la vista si arrende fugace
alla felicità
di una rinascita collettiva

Come può
l'annoiato turista occidentale
viaggiare tutta una vita
su una comoda nave
con il cibo a buffet
piena di giochi, musica e piscine
e non sentire
le grida dal mare?

N.5 Marzo 2016

# Chiedersi

È tutto un chiedersi
di notte, di pomeriggio
cosa me ne è venuto
per essere attento alla mia etica umana
per essere pronto al sacrificio sociale
per essere dentro le emozioni universali.
Di tutto quel bailamme
che poteva avvenire
mi è rimasta una sola grande cosa
interrogarmi sulla parola amore.

N.7 Agosto 2015

# Politico

Perché non aspettare
la forza
e cominciare
la battaglia

Perché non concepire
un'idea
e incendiare
le risorse

Perché non immaginare
un mondo
e buttare
tutto te stesso?

Alfredo n.8  Gennaio 2008

# Canzoni d'amore

Canzoni d'amore
mascherate di blues
il tour de France sulle montagne
la follia di un Haber
la fredda birra a mezzogiorno
la malferma falesia dell'Adriatico
le notizie di niente
pronte
a formare una domenica

# Indice

www.ingramcontent.com/pod-product-compliance
Lightning Source LLC
Chambersburg PA
CBHW020345180726
47991CB00021B/2533